EVERYBODY PEES!
¡Todos hacemos pis!

Justine Avery   Naday Meldova

Sisters pee.

Las hermanas hacen pis.

And brothers pee.

Y los hermanos hacen pis.

Cousins

Los primos

and uncles

y los tíos

and aunties pee.

y las tías hacen pis.

Even old, old grandads and grannies pee.

Incluso los abuelos y las abuelas mayores hacen pis.

Parents, airplane pilots, and even the president need to pee.

Los padres, los pilotos de aviones e incluso el presidente necesitan hacer pis.

Bus drivers and bodybuilders, teachers and table tennis players, do have to pee.

Los conductores de autobús, los fisicoculturistas, los profesores y los jugadores de tenis de mesa tienen que hacer pis.

Doctors and doughnut makers, sailors and skydivers...

Médicos, fabricantes de donas, marineros y paracaidista...

Each and every one of them really does pee!

¡Todos y cada uno de ellos realmente hacen pis!

And they pee

a lot.

Every single day.
Just like ALL of us do.

Y ellos hacen

mucho pis.

Cada día.

Justo como TODOS nosotros
lo haccemos.

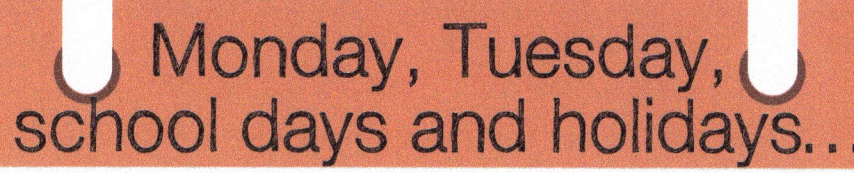

the whole calendar through!

Lunes, martes,
días escolares y feriados...

¡todos los días del año hasta el final!

Oh, dogs and cats have to pee.

Oh, los perros y los gatos tienen que orinar.

And every single bird you see.

Y cada pájaro que ves.

Even bugs,
big and small,
like butterflies and bees.

Incluso insectos,
grandes y pequeños,
como mariposas y abejas.

Every BODY on the planet pees.

Cada CUERPO en el planeta tiene que hacer pis.

They pee high up in the trees.

Ellos hacen pis bien alto en los árboles.

They pee underground
where no one sees.

Ellos hacen pis debajo de la tierra
donde nadie los ve.

They pee way up in the sky.

Ellos hacen pis bien arriba en el cielo.

They pee deep down in the sea.

Ellos hacen pis en el fondo del mar.

Now... are you ready for the silliest surprise of all?

Ahora... ¿Estás listo para la sorpresa más loca de todas?

Just... like... YOU!

And I'm so very proud of you.

¡Igual... que... TÚ!

Y estoy muy orgulloso de ti.

For every reader,
young and old,
who loves a good giggle.
—J.A.

To my mother,
who often bought me art supplies and always
believed that I would become a real artist!
—N.M.

Para todos los lectores,
jóvenes y mayores,
a los que les guste
una buena risa.
—J.A.

¡Se lo dedico a mi madre
que a menudo me compraba
materiales de arte y siempre
creyó que me convertiría
en una verdadera artista!
—N.M.

Justine Avery is an award-winning author who loves writing stories for all sorts of readers. She was born in America but grew up—and is still growing up—all over the world as a natural explorer with a curiosity for all things. She's jumped out of airplanes, off of very high bridges, and into shark-infested waters—to name a few adventures. And books are her favorite adventures of all.

Justine Avery es una autora galardonada que ama escribir historias para todo tipo de lectores. Nació en Estados Unidos de América, pero creció, y sigue creciendo, en muchos lugares del mundo gracias a su naturaleza exploradora y a su curiosidad por todas las cosas. Justine ha brincado desde aviones, de puentes muy altos y a aguas infestadas de tiburones, por mencionar algunas de sus aventuras. Entre todas las aventuras, los libros son su aventura favorita.

Naday Meldova is an artist who graduated from art school in Tula, Russia. She's been illustrating for years, and this is her favorite job!

Naday Meldova es una artista que se graduó de la escuela de arte en Tula, Rusia. Ha estado ilustrando durante años, ¡Y este es su trabajo favorito!

First published 2021 by Suteki Creative
This bilingual Spanish-English edition first published 2021 by Suteki Creative

FIRST BILINGUAL EDITION

Copyright © 2021 Justine Avery
Illustrated by Naday Meldova
All rights reserved.

In accordance with international copyright law, this publication, in full or in part, may not be scanned, copied, stored in a retrieval system, duplicated, reproduced, uploaded, transmitted, resold, or distributed online or offline—in any form or by any means—without prior, explicit permission of the author.

But *please do*… lend this book freely! It's *yours*—you own it. So, pass it on, trade it in, exchange it with and recommend it to other readers. Books are the very best gifts.

ISBN: 978-1-63882-150-2
ISBN: 978-1-63882-148-9 (ebook)
ISBN: 978-1-63882-151-9 (hardcover)
ISBN: 978-1-63882-153-3 (audio book)

Discover More...
uniquely wonderful, utterly imaginative
children's books by Justine Avery

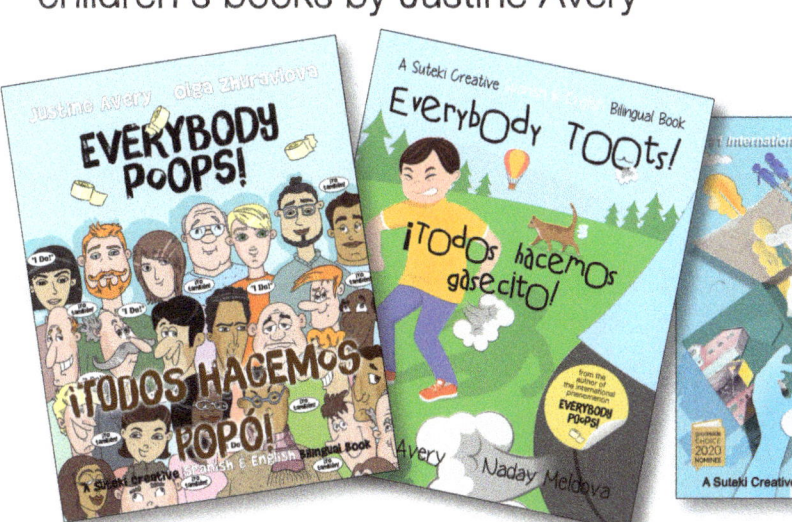

Descubre más...
del único, maravilloso y absolutamente imaginativo
mundo de los libros para niños de Justine Avery

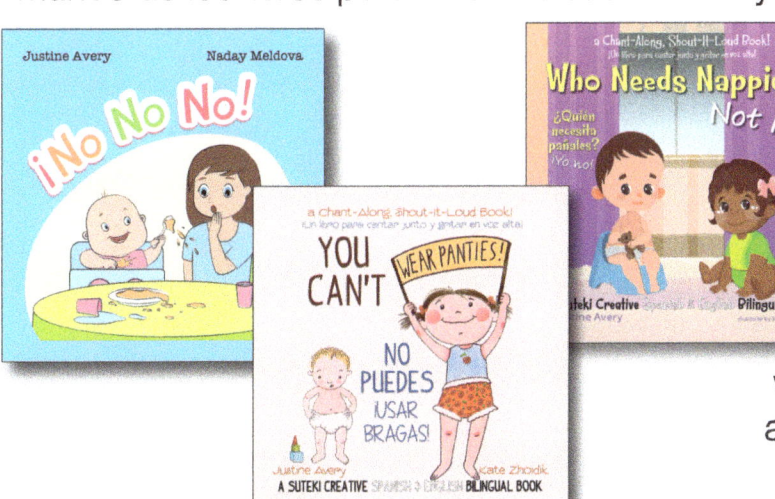

Visit JustineAvery.com
and join in the exclusive
fun & freebies.

www.ingramcontent.com/pod-product-compliance
Lightning Source LLC
Chambersburg PA
CBHW061116070526
44583CB00027B/3318